Comment débuter en bourse avec les dividendes

Nom Action rendements	parts dans portefeuilles
Total 6.31%	33.76 %
Orange 9.17%	11.05 %
Air liquide 2.01%	13.63 %
Stellantis 9.49%	6.99 %
Sanofi 4.04%	1.96 %
Engie 6.01%	6.08 %
Crédit agricole 7.77%	8.57 %
Bouygues 4.77%	5.01 %
Apéram 5.05%	10.09%
Coface 4.75%	1.08%

Je vous présente ci-dessus mon propre portefeuille à l'heure où j'écris ces lignes.

ATTENTION ce livre n'est pas un conseil d'investissement, les entreprises dans lesquelles j'investis personnellement correspondent a ce que je veut faire et a mes critères, a vous de faire également vos recherches et définir vos critères. Cet ouvrage vous démontre juste qu'avec de la patience et un investissement mensuel vous pouvez obtenir du résultat en partant de 0.

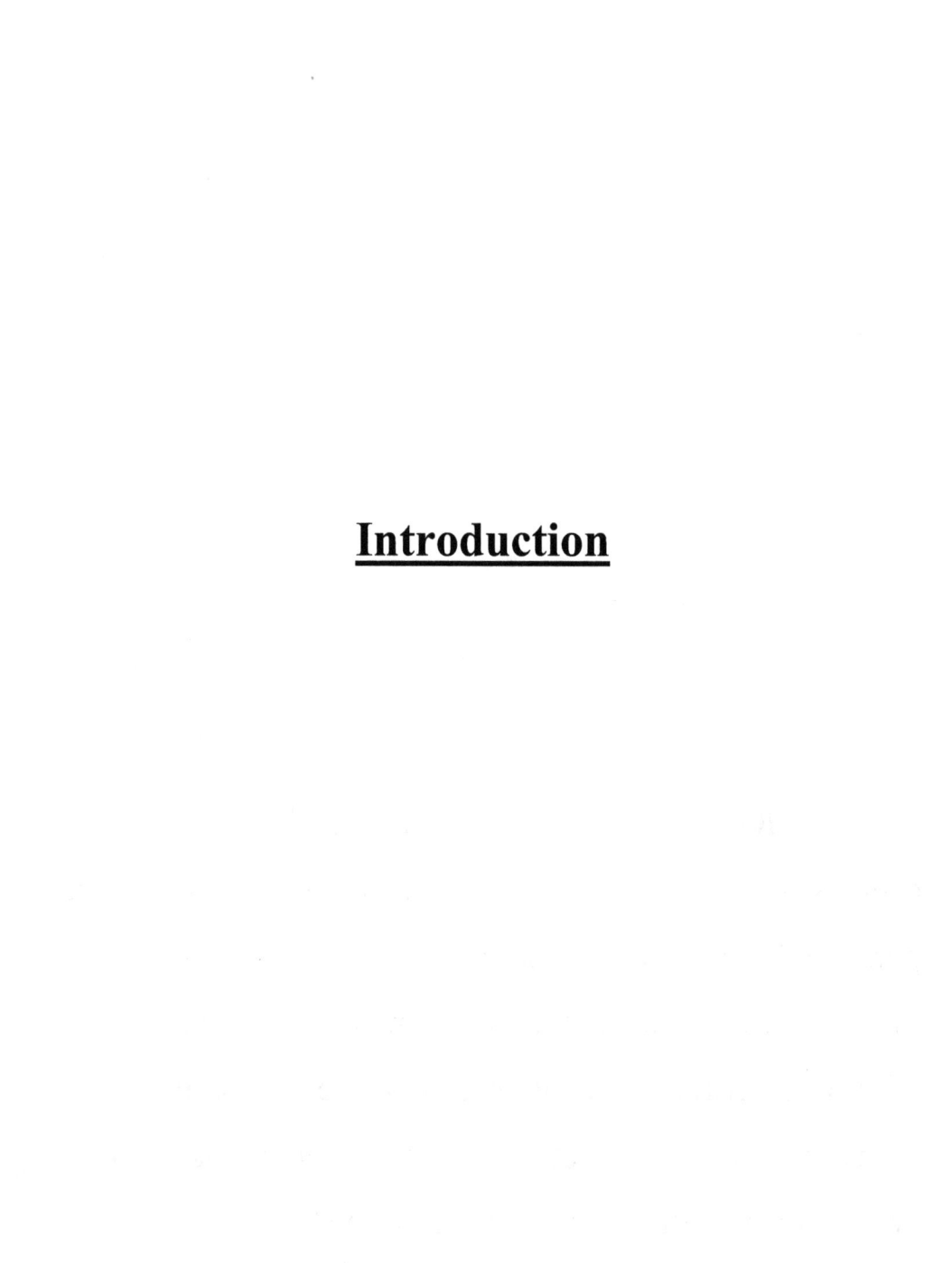

Introduction

Chapitre 1 : définir ses objectifs

Chapitre 2 : quel type de compte ouvrir

Chapitre 3 : comment équilibré son portefeuille

Chapitre 4 : comment créer une belle boule de neige

Chapitre 5 : que faire en cas de krach

Chapitre 6 : ne pas écouter les autres

Chapitre 1 : définir ses objectifs

Bonjour a vous qui avez décidé d'acheter ce livre, et de sauter le pas de l'investissement en bourse.

Comme vous l'avez sûrement lu dans l'introduction, la première chose à faire est de définir ses objectifs.
Pour certain ce sera de gagner de l'argent, pour d'autre se sera remplacer leur salaire afin de passer plus de temps avec leur famille.

Vous devez réfléchir, et poser sur une feuille vos objectifs, avec des sommes à investir, ou un montant de dividendes a percevoir a des périodes donné, afin de vous motiver et de suivre votre évolution par rapport a vos objectifs afin de pouvoir modifier votre stratégie en fonction de l'évolution ce cela.

Exemple d'objectif :

Année 2021 :

Débuter les investissements a hauteur de 100 euros par mois et trouver 6 ou 7 entreprises dans lesquelles investir.

Année 2022 :

Finir l'année avec un rendement de 6% en dividende.

Année 2023 :

Percevoir 2000 euros de dividendes par an.

Année 2030 :

Remplacer son salaire par des revenus issu de dividende.

Ces objectifs ne sont pas les miens, et ne sont peut-être pas les vôtres, c'est pourquoi avant toute chose vous allez devoir travailler un peu avant la lecture de ce livre en commençant par la rédaction de vos objectifs personnels, vous pouvez y inclure d'autre objectif de vie (voyage, loisirs …)

Chapitre 2 : quel type de compte ouvrir

Une fois que vous aurez défini vos objectifs, il vous restera a choisir entre, un PEA (plan épargne en action) et un CTO (compte titre en action).

La différence entre les deux vas se situé sur la fiscalité, ainsi que la possibilité ou non d'investir sur des actions étrangères.

Et c'est pour ça que la rédaction de vos objectifs doit, pour bien faire être réalisé avant de choisir votre compte pour investir.

Si vous ne souhaitez pas retirer vos fonds avant les 5 prochaines années autant partir sur un PEA.

Le **PEA** (Plan d'Epargne en Actions) ne permet d'investir que sur des actions EUROPE mais il permet après une détention de 5 ans d'être exonéré d'impôt sur le revenu, mais d'être soumis qu'aux prélèvements sociaux de 17.2% .

Attention cependant, si votre PEA est ouvert depuis moins de 5 ans, et que vous souhaitez récupérer une partie des fonds, ce ne scra pas possible. Le compte sera clôturé, sauf dans les cas suivants :

Reprise ou création d'entreprise

Licenciement, invalidité ou mise à la retraite anticipée du titulaire ou de son époux ou partenaire de Pacs.

Cependant, si vous voulez pouvoir retirer vos fonds à n'importe quel moment, ou bénéficier de vos dividendes ou plus value pour vous faire plaisir.

Il faudra choisir un CTO

Le **CTO** (compte titre ordinaire) est beaucoup plus souple sur beaucoup de point par rapport au PEA.

Il permet d'investir sur tous les marchés financier du monde, par contre les dividendes sont soumis a la flat tax, les plus-values du CTO sont donc imposées sur la base de 30 % (12,8 % d'impôt sur le revenu et 17,20 % de prélèvements sociaux), l'année suivant celle de la cession.

Concernant les dividendes, la flat tax est directement retenu du montant versé par le broker que vous avez choisi

Exemple : vous avez suffisamment d'action de l'entreprise X pour percevoir 100 euros de dividendes, le broker déduira automatiquement les 30% d'impôts pour les reverser aux impôts. Ce qui vous fera un crédit de 70€ sur votre compte.

Soit une différence de 30 € par rapport a un PEA

Ce sera donc a vous de choisir en fonction de vos objectifs et de vos projets, en ce qui me concerne, j'ai préféré choisir la non imposition de mes dividendes au moment de les percevoir afin de pouvoir les réinvestir immédiatement dans d'autre action de la même société ou d'une autre plus intéressante a ce moment là.

Chapitre 3 : comment équilibré son portefeuille

Rentrons un peu plus dans le vif du sujet, la création d'un portefeuille, et surtout comment bien l'équilibrer.

Tout d'abord il faut que vous fassiez une liste d'actions de chaque secteur (bien de consommation, industries, énergies, santé, technologies, etc. …).

Une fois que vous avez fait cette liste d'actions il y a plusieurs point important a analyser :

- Depuis combien de temps cette entreprise verse des dividendes
- Est-ce que son chiffre d'affaire est stable ou évolutifs
- Comment est sa trésorerie

Une fois ces points la vérifié, de combien est le versement de son dividende par rapport a ses concurrents, et est ce que cela l'empêche d'épargner.

Après tout une entreprise est comme un ménage comme vous est moi, elle a des frais fixe de fonctionnement comme nos factures, des crédits, des salaires des rémunérations d'actionnaires (nous).

Mais elle doit pouvoir augmenter sa trésorerie ou ses investissements pour pouvoir progresser et être pérenne dans le temps.

Il y a également pour certain d'entre vous un point a analyser, c'est la morale de l'entreprise.

Je prends pour exemple TOTAL, si pour ma part j'ai confiance en leur évolution vers l'énergie renouvelable, beaucoup de personnes ne veulent pas investir sur TOTAL pour sa responsabilité dans le réchauffement climatique.

La dessus, je ne peut pas vous conseiller, c'est a vous de voir avec vous-même ce que vous décidé.

L'important est d'avoir un portefeuille assez diversifier, pour pouvoir bénéficier de toutes les hausses, mais également de ne pas mettre tous ses œufs dans le même panier.

Même si ce n'est qu'une expression, si vous ne possédez qu'une seule société, en cas de baisse de celle-ci de 2% et que vous avez 100% de votre portefeuille uniquement sur cette entreprise l'impact sera énorme.

Je ne suis peut être pas le meilleur exemple avec mes 50% dans TOTAL, mais j'ai confiance en cette entreprise et désormais je n'investis plus que leur dividende dans leur entreprise afin de rééquilibrer doucement mon portefeuille.

Prenons l'exemple de la société air liquide, qui a un rendement assez bas de 2% de dividende, mais qui par le passé à su traverser

Les krachs, sans problème, qui est stable, et surtout qui distribue tout les deux ans 1 actions gratuites pour 10 possédés.

Si on prend ces actions dans les calculs, le rendement n'est plus de 2% mais de 3%, certes la différence n'est pas énorme.
Mais cette actions gratuit permettra de baisser votre PRU (prix de reviens unitaire) et donc d'augmenter également votre rendement.
Si on imagine un investissement long terme type préparations de retraite :

≈ 10 000€ investit représente 70 actions en investissant un peu chaque année on peu très vite arriver a 100 actions AIR LIQUIDE, soit 10 actions gratuite tous les deux ans, ces 10 actions généreront elles-mêmes 1 actions plus tard, sans compter le dividende versé en monétaire chaque année.

C'est la société la plus intéressante en investissement très long terme, puisque plus on la garde plus elles nous distribue de dividende et d'action gratuite, un moyen pour eux de fidéliser leurs actionnaires. C'est aussi grâce a ça que le cours de l'action est rarement chahuter, c'est ce qu'on appelle une actions « bon père de famille ».

Je vous liste quelques conseils important que je me force d'appliquer, donner par Warren Buffett :

Warren Buffett est catégorique : « *N'achetez que ce que vous seriez parfaitement heureux de conserver si le marché fermait pendant 10 ans.* »

Warren Buffett confie : « *J'investis dans des entreprises tellement merveilleuses qu'elle peuvent être gérées par un idiot. Car tôt ou tard, ça arrivera.* »

« *Mieux vaut acheter une entreprise extraordinaire à un prix ordinaire qu'une entreprise ordinaire à un prix extraordinaire.* »

Je pense qu'il vaut mieux posséder un cercle restreint de société que l'on connaît, et que l'on comprend

Pour Warren Buffett, « *Le risque provient de ne pas savoir ce que l'on fait.* »

Et la plus importante : ***"Nous tentons simplement d'être inquiets lorsque les autres sont avides et avides lorsque les autres sont inquiets."***

Chapitre 4 : comment créer une belle boule de neige

Nous arrivons sur une partie importante et intéressante, puisque c'est celle qui nous permet d'avoir une courbe exponentielle, et de créer notre boule de neige.

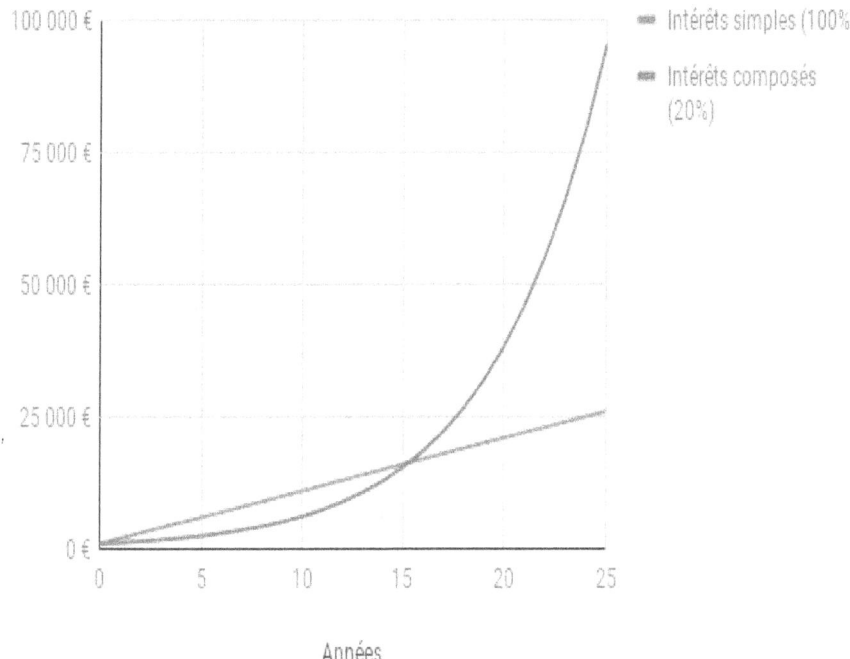

Comparaison intérêts simples et intérêts composés sur 25 ans

Intérêts simples (100%)

Intérêts composés (20%)

Années

Voilà ce que nous cherchons, voilà la huitième merveille du monde selon Albert Einstein.

Vous voyez sur le graphique au dessus que des intérêts composé a 20% dépasse a partir de la 15ème années des intérêts simple a 100%.

Prenons l'exemple d'une société X, qui verse un dividende de 1€ tout les trimestres, vous allez comprendre l'intérêt de l'investissement long terme et également du PEA, dans le cadre des intérêts composé via les dividendes. Vous allez voir qu'une fois mis en route il n'y a presque plus besoin de s'occuper de son portefeuille, après tout il est contre productif de regarder tout les jours le cours de ses actions, si elles sont bien choisi il n'y a qu'a attendre et réinvestir les dividendes lorsqu'ils sont versés.

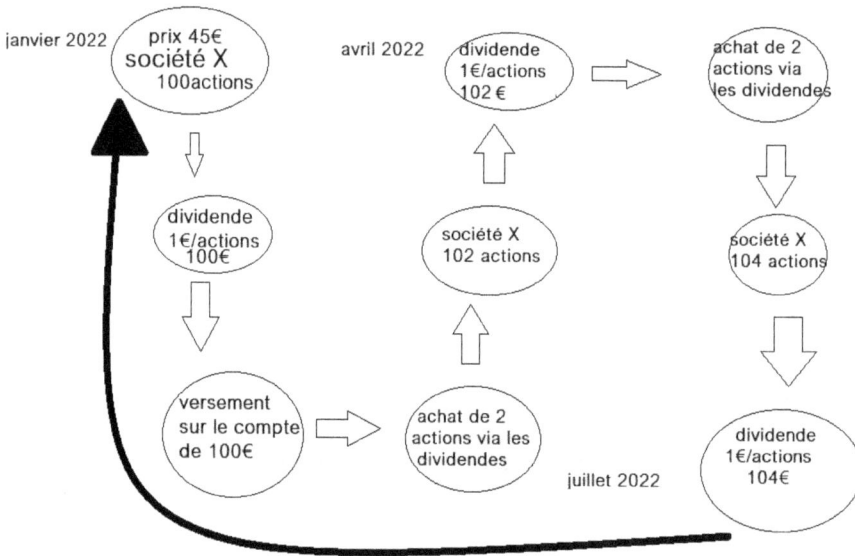

Vous voyez ?

Sur les 4 versements de dividende de cette entreprise, les rachats sont effectués uniquement avec les dividendes qu'elle a versés. Alors oui, vous allez me dire que 2€ de plus tout les trimestre ce n'est rien. Mais c'est l'exemple d'une seule société, en partant du principe que vous ne fassiez pas de réinvestissement personnel dans celle là.

Si vous avez 6 sociétés qui vous versent des dividendes même annuellement et pas mensuellement , les paiements ne sont pas tous le même mois, et si vous investissez tout les mois ne serais-ce que 100€ de votre poche les dividendes perçus seront plus également important . Vous n'êtes pas obligé de réinvestir les dividendes dans l'entreprise qui vous les versent, si vous trouvé une société sous évalué il est préférable d'investir dans celle-ci.

Chapitre 5 : que faire en cas de krach

Nous avons eut l'exemple en 2020 avec le krach dû au
« covid19 »

La plupart des valeurs ont chuté de plus de 50%, une grande partie de ces sociétés ne sont remontés pas loin de leur prix initial, voir au dessus.

Ce qui veut dire que pendant l'année 2020 une personne qui avais pas mal de liquidité prête a être investit pouvais choisir parmi un large panel d'entreprise en solde .

Permettant d'avoir soit un rendement très intéressant

Exemple :

TOTAL acheté a 25 euros avec 2.68 euros de dividende par ans soit 10.78% de rendement brut

Soit avec une plue value latente facile a obtenir

Exemple :

Achat de 100 actions TOTAL a 25€ soit 2 500€
Revente possible actuellement au cours de 43 € l'action
4 300€ plus value latente de 1 800€

<u>Warren BUFFET a dit « soyez craintif quand les autres
sont avides. Soyez avide quand les autres sont craintif »</u>

En effet, si vous avez confiance dans les entreprises
lesquels vous investissez, et que vous avez confiance dans
leur gérant, pourquoi quand ces entreprises sont soldés ne
pas investir plus ?

Vous êtes déjà sur de faire 50% de gains si elles retrouvent
sont prix initial, et si ce n'est pas le cas mais que sont
dividendes ne baisse pas la baisse de votre PRU (prix de
reviens unitaire) permettra d'augmenter votre rendement
annuel. Dans les deux cas vous êtes gagnant, d'où l'intérêt
de bien choisir ses entreprises l'analyse et une partie
importante, longue et fastidieuse, mais tellement valorisante
quand vous vous rendez compte que vous l'avez bien
réalisée.

Prenons l'exemple des entreprises de fabrications de vaccin
qui ont pendant la crise du COVID sur performé toutes les
autres mais qui avaient une volatilité énorme.
L'annonce d'un possible vaccin leur permettait de prendre
20%, mais 3 jours après une annonce de l'échec de ce
vaccin les faisait redescendre de 15 %.

Il fallais pour pouvoir surfer sur cette tendance être a l'affût
de toute leur conférence de presse, de toute leur annonce sur
les médias.

A l'inverse, grâce au confinement, les entreprises de jeux vidéo ont-elles fait que grimper, l'explosion des ventes de jeux ayant bien aidé.

Chapitre 6 : ne pas écouter les autres

Ce chapitre ne vous apprendra pas grand-chose sur la bourse ou sur l'investissement en général, mais je pense qu'il est important de lire et d'entendre ce qui va suivre.

Votre entourage, amis, famille ou collègue de travail ne comprendra pas forcément ce que vous êtes entrain de faire. Une grande majorité des personnes se moqueront peut être même de vous en vous disant que c'est impossible, que vous n'avez pas assez d'argent qu'il faut naître riche pour espérer gagner de l'argent.

Mais n'oubliez pas que rien ne c'est jamais fait sans qu'il y ait un commencement un jour, chaque euros investis, chaque euros gagné vous rapproche de votre objectif. Il se peut que par moment vous perdiez votre motivation et c'est pour ça qu'il faut faire petit pas par petit pas.
Vous devez regarder chaque marche franchit cocher vos objectifs remplis mois après moi ou année après année, si personnes ne vous comprend ou ne vous soutiens il sera préférable de ne parler a personne de ce que vous êtes entrain de faire tant que les résultats ne seront pas probant.

Par exemple lorsque vous aurez 100 € par mois de dividende soit un mois de SMIC en plus à la fin de l'année les personnes ne pourront plus dire que vous avez de la chance ou que ce ne sont que des centimes.

Pour les pyramides il a fallu une première pierre, soyez l'architecte de votre vie, il est plus facile de ne rien faire que d'investir, les doutes seront toujours présent mais le résultat en vaut la chandelle.

J.K ROWLING c'est fait refuser par plusieurs maisons d'éditions avant de trouver la bonne, les maisons d'éditions qui l'ont refusé s'en mordent sûrement les doigts à l'heure actuelle au vu des milliers de livres vendu ainsi que des films, figurines etc....

La persévérance est le plus importante, tant que vous croyez en vous tout peut arriver, vous vous dites que c'est sûrement une phrase bateau, oui vous avez raison mais pas totalement.

Prenons mon exemple :

Je n'ai pas fais de grande études un simple CAP plombier, mon père travaillais en grande distributions en tant qu'employé et ma mère étais garde d'enfant a domicile. Je n'ai jamais manqué de rien mais nous n'étions pas riche pour autant.

A 18 ans mes premiers salaires ont était dépensé un peu n'importe comment je ne mettais rien de côté l'argent me brûlé dans les mains, et je ne réfléchissais pas avant d'acheter quelque chose.

A 19 ans je décroche mon CDI dans l'entreprise ou je suis toujours en poste actuellement je décide d'épargner une grosse partit de mon salaire vivant encore chez mes parents j'en profite pour me constituer un apport pour acheter ma résidence principale.
A 20 ans j'achète mon premier appartement, un T2 entièrement à rénover dans lequel j'ai vécu 5 années.

Depuis, je me suis intéressée à tous les investissements possibles (immobilier, bourse, crypto etc. etc. …)

J'ai choisi de commencer par l'immobilier plus facile grâce aux banques et au prêt bancaire, et surtout moins effrayant que la bourse et tout les ont dit dessus.

Actuellement je possède donc 3 appartements qui me permettent une fois toutes les charges et frais attenant déduis de gagner 5 000€ par ans qui sont réinvestit en bourse en plus de mon effort personnelle.

Tout ça pour vous dire quoi ?

Vous prouvez que tout est possible chacun a ça situation, mais a partir du moment ou vous décidez de clarifier vos dépense et que vous changé d'état d'esprit tout peut arriver. Beaucoup de personne ont fais

Beaucoup mieux, beaucoup plus vite ou beaucoup plus gros. On veut toujours plus mais actuellement ma situations me conviens et j'ai envie d'aider des personnes a simplifier leur finance personnelle, ce livre et également la pour ça.

J'espère en tout cas qu'il vous a plu, qu'il vous a surtout aidé. L'essentiel est que vous compreniez qu'il n'y a pas de secret, de potion magique pour aller mieux. On construit notre bonheur, notre histoire et notre avenir. Pour certain d'entre vous ce sera peut être plus dur que pour d'autre mais ça vous donnera une force que d'autre n'auront pas.

Je vous souhaite plein de bonne chose et comme l'a dit
MARTIN SCORSESE

« SURTOUT N'OUBLIEZ PAS QUE TROP N'EST
JAMAIS ASSEZ »